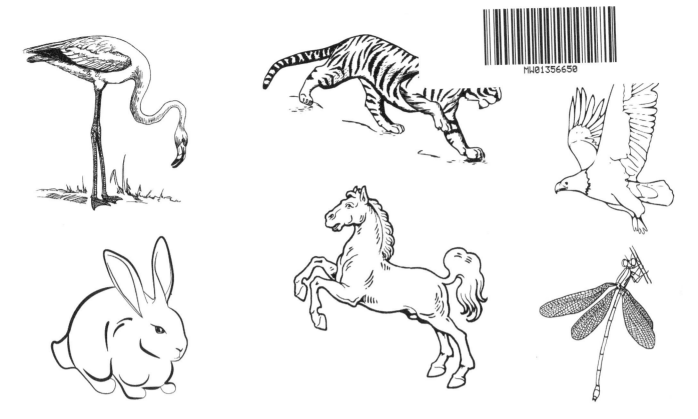

THIS BOOK BELONGS TO

أ-ب-ت-ث-ج-ح-خ-د-ذ-ر

ز-س-ش-ص-ض-ط-ظ-ع-غ-ف

ق-ك-ل-م-ن-ه-و-ي

| ALif | A | أ |

أسد
ASAD

| BAA | B | ب |

بومة
BUUMA

TAA	T	ت

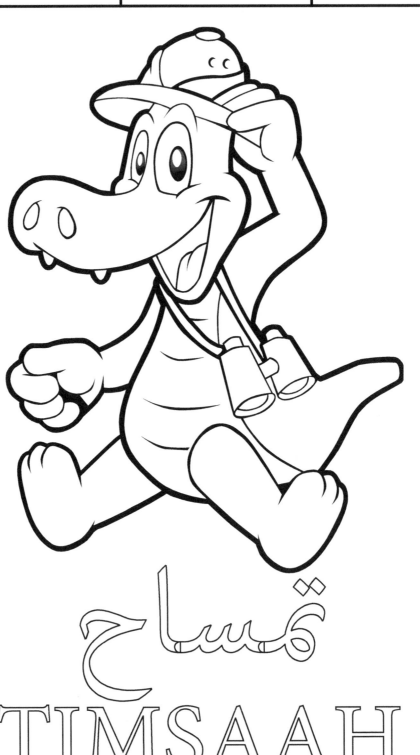

تمساح

TIMSAAH

| THAA | TH | ث |

ثعبان
THUABAAN

| JIIM | J | ج |

جمل
JAMAL

| HAA | H | ح |

حمار

HIMAAR

KHAA	KH	خ

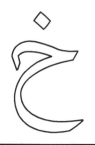

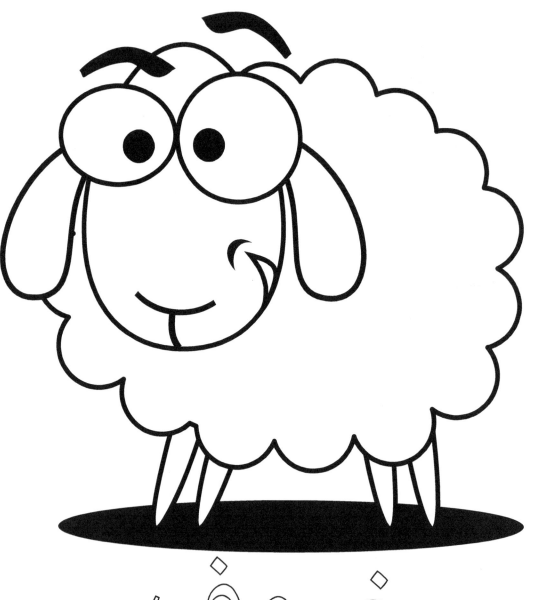

خروف

KHAROUF

DAAL	D	د

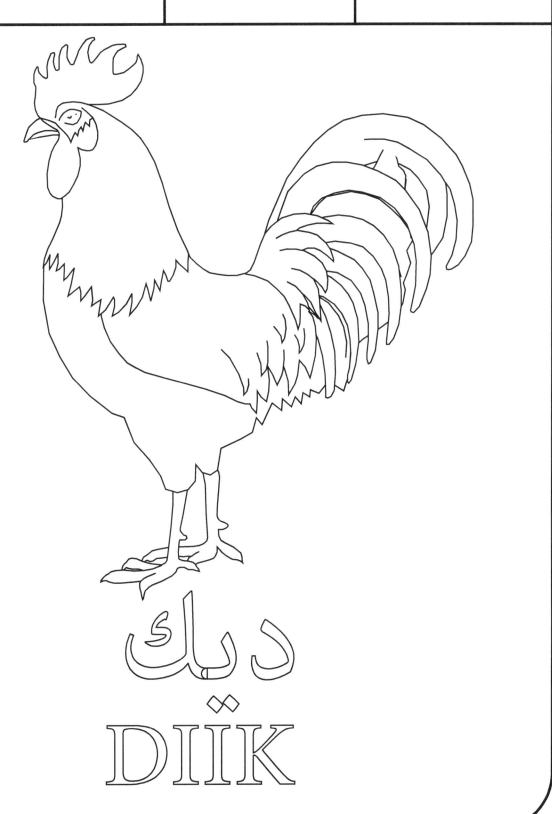

ديك

DIIK

DHAAL	DH	ذ

ذِئْب
DHAAB

| RAA | R | ر |

رنة

RANAH

| ZAA | Z | ز |

زرافة
ZARAAFA

SEEN	S	س

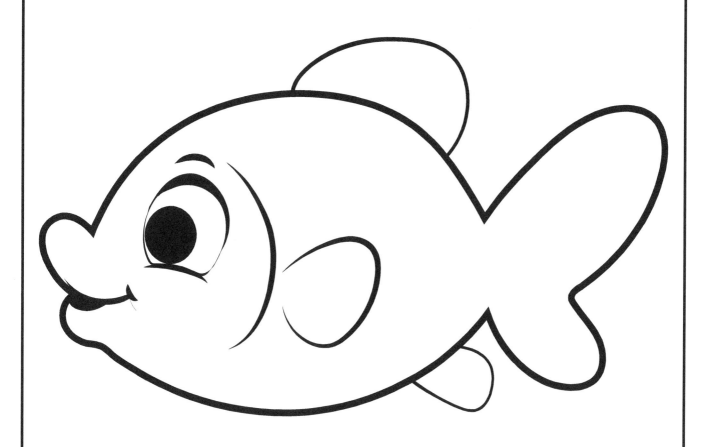

سمكه

SAMAKAH

SHEEN	SH	ش

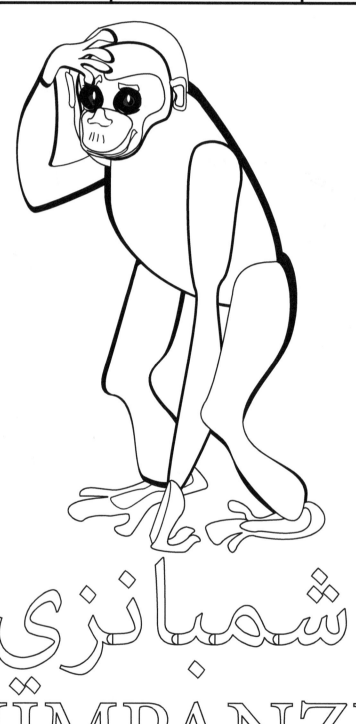

شمبانزي

SHĪMPĀNZEE

| SAAD | S | ص |

صقر
SAQAR

| DAAD | D | ض |

ضفدع

DAFADAE

TAA	T	ط

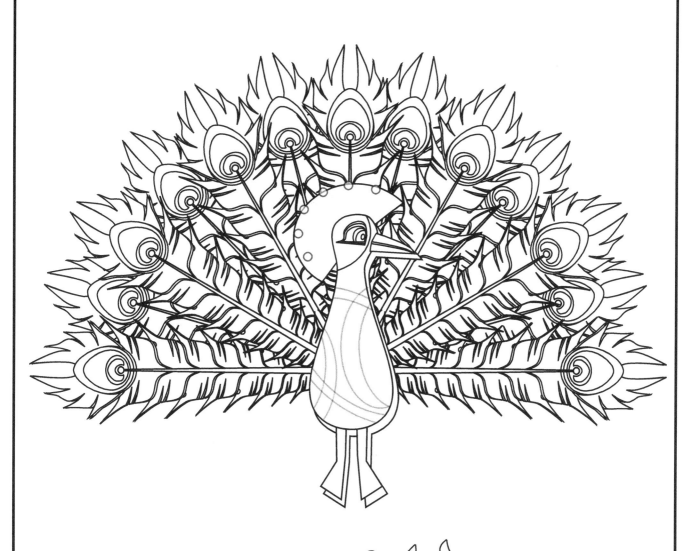

طاؤوس

TAAWUS

DHAA	DH	ظ

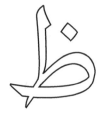

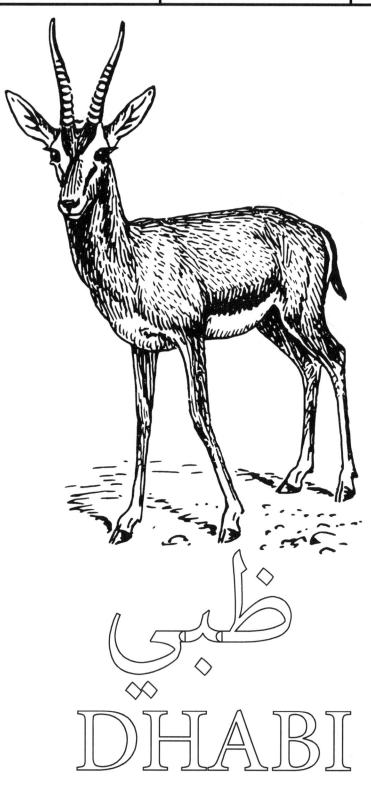

ظبي

DHABI

| AYN | A | ع |

عصفور

ASFOUR

GHAIN	GH	غ

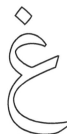

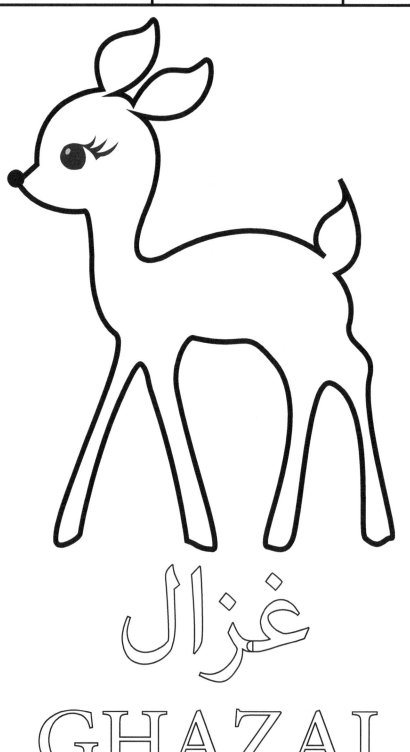

غزال

GHAZAL

| FAA | F | ف |

فيل

FIL

QAAF | Q | ق

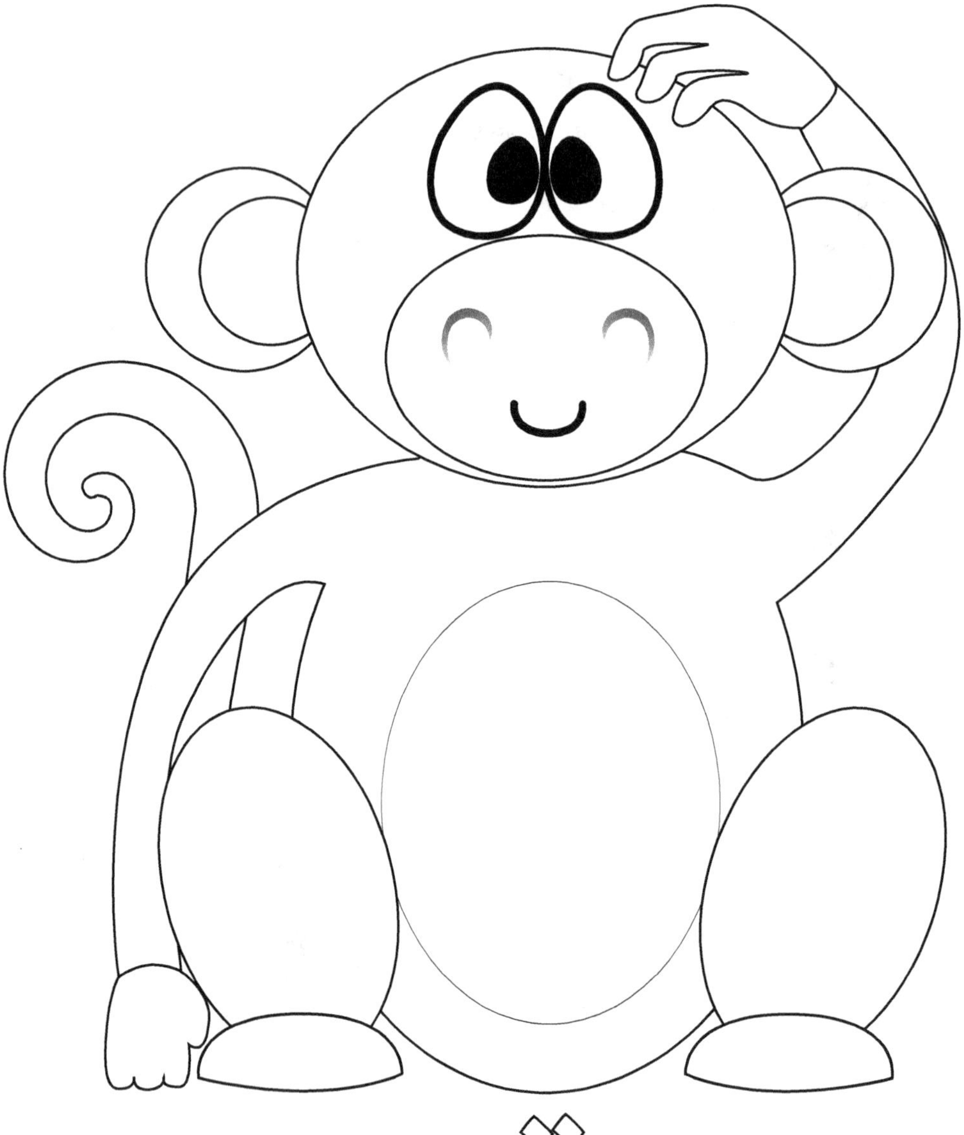

قرد

QARAD

| KAAF | K | ك |

كلب

KALB

| LAAM | L | ل |

لاما

LAMA

| MIIM | M | م |

ماعز
MAEIZ

| NOON | N | ن |

نحلة
NHLAH

HAA	H	ه

هد هد
HUDHUD

WAAW	W	و

وطواط
WATWAT

YAA	Y	ي

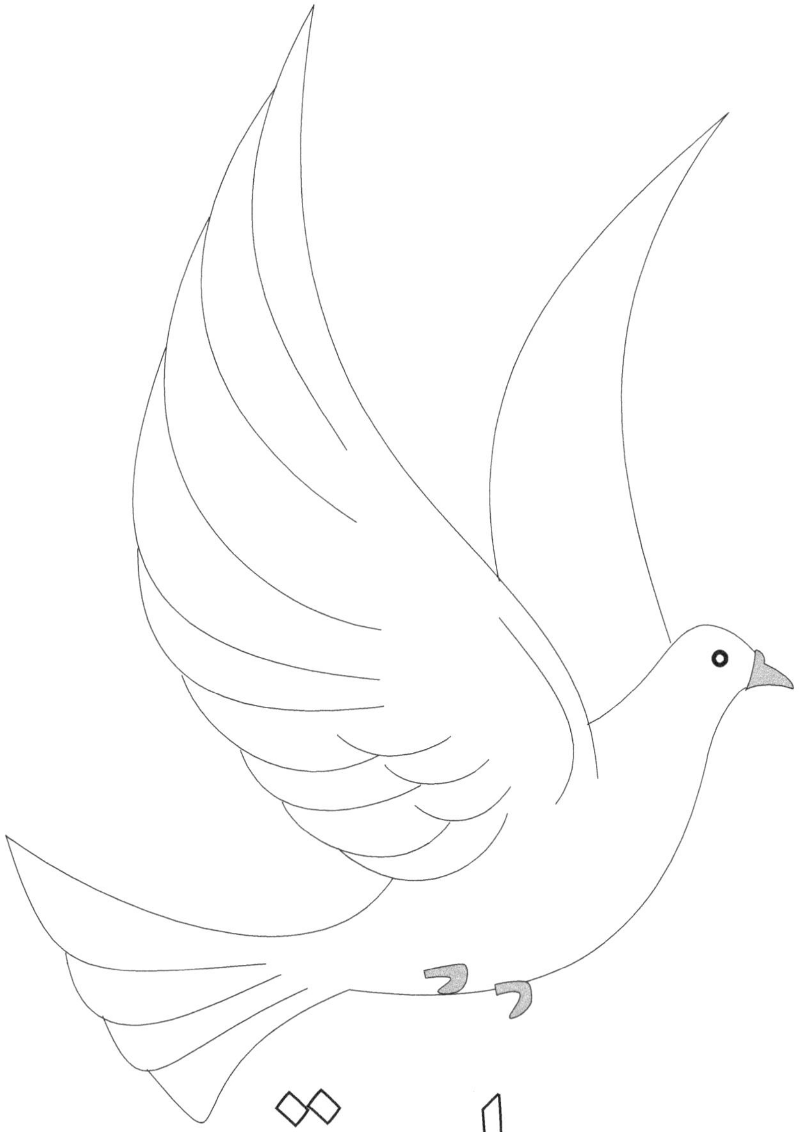

يمامة

YAMAMUH

CPSIA information can be obtained
at www.ICGtesting.com
Printed in the USA
BVHW011040120822
644373BV00022B/193

9 798655 660267